Das Auer Sprachbuch
Übungsheft 2

W0320018

Erarbeitet von
Ruth Dolenc-Petz
Christel Fisgus
Gertrud Kraft
Edeltraud Röbe
Heinrich Röbe

Unter die Lupe genommen von

Ernst Klett Verlag
Stuttgart · Leipzig

Inhalt

Sprachstudio

Nomen erkennen

1 Schreibe die Nomen für Menschen, Tiere, Pflanzen und Dinge geordnet auf.

2 Kennzeichne bei den Nomen aus Aufgabe 1 den großen Anfangsbuchstaben. Male das Zeichen für Nomen schwarz aus.

3 Zeichne die Wortgrenzen ein. Schreibe die Nomen.

HASETULPEHEFTBESENTOMATEBAUMSEGEL

zu Das Auer Sprachbuch 2, Seite 8

Sprachstudio

Nomen beweisen

1 Schreibe die Nomen mit einem passenden Artikel.
Setze die Zeichen dazu: ▲ Nomen ▲ Artikel: der, die, das, ein, eine

___ Bruder ___ Drache ___ Kind ___ Nadel ___ Füller ___ Pfeffer ___ Pferd ___
___ Kleid ___ Tasche ___ Mutter ___ Dach ___ Lampe ___ Regen ___

der Bruder,

2 Schreibe die Nomen in der Einzahl und in der Mehrzahl.

3 Kennzeichne die Nomen und schreibe sie wie in Aufgabe 2.

APFEL NEU SCHULE FRAU MOND LESEN BUCH MÄRCHEN ALT TASSE GRAS

Bilder und Sätze wachsen

1 Lass die Sätze wachsen. Die Bilder helfen dir dabei.
Schreibe deinen dritten Satz.

Das Boot schwimmt.

Das Boot schwimmt auf dem See.

...

Leo reitet.

Leo reitet auf dem Pony.

...

Max beobachtet.

Max beobachtet einen Vogel.

...

Vergleicht eure Sätze. Wie haben sie sich verändert?

zu Das Auer Sprachbuch 2, Seite 10

Sprachstudio

Satzanfang und Satzende ↑

Ich habe Ball gespielt, da ist Flo gekommen, sie hat mir eine Birne geschenkt, die Birne war sehr lecker.

Du bist ganz außer Atem. So kann ich dich nicht verstehen.

1 Schreibe zu jedem Bild den passenden Satz aus Kroks Bericht. Kennzeichne Satzanfang und Satzende.

2 Kennzeichne die Satzenden. Schreibe zu jedem Bild den passenden Satz.

ein Vogel sitzt im Gras leise schleicht sich Flo an da fliegt der Vogel schnell davon

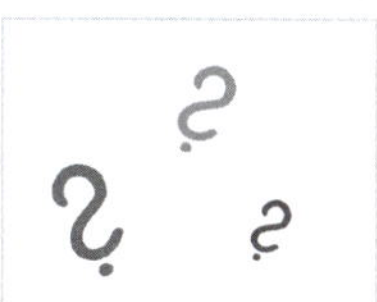

Sprachstudio

Sätze klingen

1 Schreibe die Geschichte ab. Setze die Punkte. Denke an die Satzanfänge.

im Garten gibt es viel zu tun die Äpfel sind reif
Vater steigt auf die Leiter wir legen die Äpfel in den Korb

2 Schreibe zu jedem Bild einen Satz.
Zeichne über jeden Satz den Klangbogen.

3 Schreibt die Geschichte aus Aufgabe 2 in der Gruppe weiter.

Ein Steckbrief

Das bin ich

Hier wohne ich:

So sehe ich aus:

Das mache ich gern:

Das ist meine Familie, das sind meine Freunde:

1 Male dich selbst in die Mitte. Schreibe, was zu dir passt.

Stellt eure Steckbriefe in der Gruppe vor. Erkennt man euch?

Verben erkennen

1 Frage bei jedem Bild: Was tut jemand?
Schreibe zu jedem Bild das passende Verb.
Setze das Zeichen für Verben dazu: ● rot.

 r ____________

 sp ____________

 k ____________

 sch ____________

 k ____________

r ____________

 t ____________

 m ____________

 w ____________

 h ____________

 b ____________

 w ____________

 f ____________

 r ____________

2 Wähle vier Verben von Aufgabe 1 aus. Schreibe mit jedem Verb einen Satz.
ins Heft!

zu Das Auer Sprachbuch 2, Seite 20

Verben beweisen

1 Was kann ein Baby alles tun? Sprecht in der Gruppe darüber.
Schreibt und setzt das Zeichen für Verben dazu: ●. rot

laufen, liegen, schreiben, fangen

lernen, hören, lachen, trinken

liegen ● rot,

2 Was kann ein Ball alles „tun“? Sprecht in der Gruppe darüber.
Schreibt und setzt das Zeichen für Verben dazu: ●. rot

baden, springen, singen, liegen

lernen, hüpfen, fliegen, rollen

3 Was kann ein Hund alles tun? Sprecht in der Gruppe darüber.
Schreibt und setzt das Zeichen für Verben dazu: ●. rot

spielen, wachen, sitzen, fressen, rechnen

bellen, fliegen, schlafen, malen

Schreibstudio **Ein Gedicht ändern**

Wer kommt heute?

Heute zum Geburtstagsfeste
erwarte ich nur liebe Gäste.

Wer tappt da draußen vor dem Haus?
Ich geh zur Tür und schau hinaus.

Ein Bär steht dort und wartet.
Er fragt mich, wann die Feier startet.

Honig ist sein Lieblingsessen.
Das habe ich doch nicht vergessen.

Kuschelbär komm nur herein!
Wir wollen heute lustig sein.

1 Welcher Gast kommt noch? Ergänze die Lücken mit den passenden Wörtern.

Heute zum Geburtstagsfeste
erwarte ich nur liebe Gäste.

Wer ______ da draußen vor dem Haus?
Ich geh zur Tür und schau hinaus.

Ein ______ steht dort und wartet.
Er fragt mich, wann die Feier startet.

______ ist sein Lieblingsessen.
Das habe ich doch nicht vergessen.

______ komm nur herein!
Wir wollen heute lustig sein.

Hund
Fleisch
Wuschelhund
bellt

2 Denke dir mit einem anderen Kind einen besonderen Gast aus. Dichtet dazu.

Habt ihr gut zusammengearbeitet?

Sprachstudio

Verben: Bausteine

1 Schreibe die Verben in allen Formen. Achte auf den Wortstamm. Kennzeichne den Wortstamm und den Endbaustein.

malen lachen turnen

ich male

du

er

wir

ihr

sie

2 Schreibe die Verben in allen Formen. Achte auf den Wortstamm. Kennzeichne den Wortstamm und den Endbaustein.

helfen fangen laufen

ich

du

sie

wir

ihr

sie

Sprachstudio

Verbformen

1 Was tun die Menschen und Tiere?
Schreibe zu jedem Verb die Nummer des passenden Bildes.

☐ singen	☐ fliegen	☐ trinken	☐ laufen	☐ baden
☐ lachen	☐ schlafen	☐ rufen	☐ turnen	☐ fauchen

2 Schreibe zu jedem Bild einen Satz.

3 Wähle fünf Verben aus der Wörterliste (Seite 92–95) oder dem Wörterbuch.
Schreibe mit jedem Verb einen Satz.

zu Das Auer Sprachbuch 2, Seite 27
Üben und Können 2 Sprache untersuchen, Seite 80

Schreibstudio

Abenteuerspuren

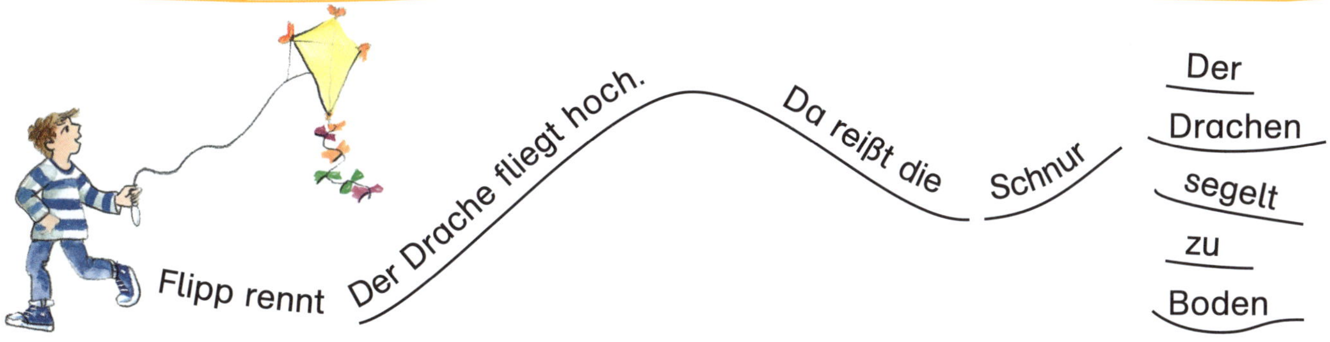

1 Gestalte mit den Sätzen eine Abenteuerspur.

Flo hat ein Boot gebastelt.
Sie geht nun zum Bach.
Das Boot schwimmt auf den Wellen.
Da hüpft ein Frosch in das Schiff.
Jetzt ist er der Kapitän.

Stellt eure Abenteuerspuren in der Klasse vor.
Welche Ideen gefallen euch besonders gut?

Sprachstudio

Fragen und Antworten

1 Setze die passenden Fragewörter und Satzzeichen ein.

[ ] Monat kommt vor Dezember [ ]

[ ] beginnt der Herbst [ ]

[ ] heißt der kürzeste Monat im Jahr [ ]

In [ ] Monat beginnt die Schule [ ]

2 Schreibe zu den Fragen die richtigen Antworten. Denke an die Satzzeichen.

Winter — Frühling — Herbst

Wann wachsen Maiglöckchen?

Wann fliegen die Zugvögel fort?

In welcher Jahreszeit schläft der Igel?

3 Lies die Sätze und setze die passenden Satzzeichen ein.

Wohin fliegen die Schwalben im Herbst [ ]

Im Herbst ist es oft sehr windig [ ]

Im Sommer haben wir große Ferien [ ]

Wann beginnt der Frühling [ ]

Welche Tiere schlafen im Winter [ ]

4 Schreibe die Fragen von Aufgabe 3 mit den passenden Antworten auf.

zu Das Auer Sprachbuch 2, Seite 32

Ausrufe

1 Schreibe die Ausrufe zu den Kindern. Denke an das passende Satzzeichen.

Komm hoch !

Hör auf

Leo

Ich will schaukeln

Wirf den Ball zu mir

Such mich doch

Schau mal

Fang mich

Höher

Schreibstudio Informationen einholen

Mein Lieblingstier-Rätsel

So sieht es aus:

Welche Farbe hat es? Hat es ein Fell? Wie groß ist es? . . .

Wo lebt es?

Im Urwald? Im Gebirge? Was tut es dort? . . .

Was frisst es?

Fleisch? Pflanzen? Ist es gefährlich? . . .

Was weißt du über dein Tier?

Wo baut es sein Nest? Hält es einen Winterschlaf? . . .

Zu welcher Art gehört dein Tier?

Säugetier? Vogel? . . .

1 Was weißt du über dein Liebslingstier? Schreibe.

2 Informiere dich, wenn du unsicher bist, auch in Tierbüchern, Kinderzeitschriften und im Internet.

3 Stelle dein Rätsel der Klasse vor.

Was macht eure Rätsel besonders spannend?

Sprachstudio Freundliche Wörter

1 Schreibe deine freundlichsten Wörter in schöner Schrift und in unterschiedlichen Farben.

2 Wie fühlst du dich, wenn jemand freundliche Wörter zu dir sagt? Schreibe.

3 Flo spricht im Dialekt.
Verstehst du, was sie sagt?

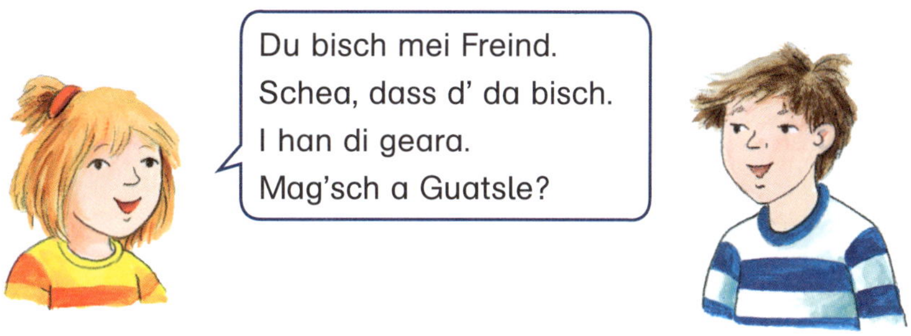

4 Findet freundliche Ausdrücke in eurem Dialekt.

Vergleicht euren Dialekt mit der Schriftsprache.

Sprachstudio

Freundliche Rückmeldung

1 Welche freundliche Rückmeldung gibst du? Spielt die Szenen vor. Besprecht euch. Schreibe deine Rückmeldung auf.

- Julian hat sein Plakat sehr schön gestaltet.

- Emine hat ein interessantes Referat über Katzen gehalten.

- Ben hat fast alle Rechenaufgaben gelöst.

- Lisa hat mit Tim ein Lernplakat gemalt und geschrieben.

- Kemal hat deutsche Wörter ins Türkische übersetzt.

- Du hast mit deiner Gruppe eine lustige Geschichte geschrieben.

2 Wie findet deine Nachbarin oder dein Nachbar deine Rückmeldungen? Er möge es hier aufschreiben.

zu Das Auer Sprachbuch 2, Seite 39
Üben und Können 2 Sprache untersuchen, Seite 81

Schreibstudio Ein Rezept aufschreiben

1 Schreibe die passenden Arbeitsschritte zu den Bildern.

BANANEN-Milchshake

Du brauchst:
2 Bananen
1 Esslöffel Zucker
1 Esslöffel Zitronensaft
1/2 l Milch

Zitronensaft dazugeben / alles mit einem Mixer verrühren / Bananen klein schneiden

Milch dazugießen / mit Zucker süßen / Bananenstücke in eine Schüssel geben

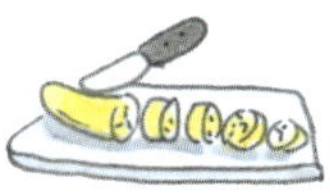

 (Stellt eure Arbeiten der Klasse vor. Sprecht darüber.) Probiere aus!

17.2.21

Sprachstudio Adjektive erkennen

1 Kreuze das passende Adjektiv an.

Wie ist der Elefant?

riesig ☐
winzig ☐

Wie ist der Igel?

glatt ☐
stachelig ☐

Wie ist die Raupe?

langsam ☐
schnell ☐

2 Schreibe die Antworten zu den Fragen von Aufgabe 1.
Unterstreiche die Adjektive.

3 Welche Eigenschaften treffen auf Elefanten zu?
Fülle sie mit passenden Adjektiven.

groß leicht pelzig grau kuschelig faltig klug schwer rau weich

4 Schreibe zu einem anderen Tier passende Adjektive.

19.2.

Sprachstudio

Adjektive beweisen

1 Setze die passenden Wörter richtig ein. Kennzeichne, was sich verändert.

ein lustiger
lustig

ein
weich

ein
schnell

eine
neu

ein
dick

ein
hell

eine
leicht

ein
stark

2 Lies die Geschichte. Unterstreiche die Adjektive.

Ein Gespenst

Gestern stand ein nettes Gespenst vor meinem Bett.
Es hatte ein freundliches Gesicht.
Das Gespenst sprach mit heller Stimme zu mir.
Bevor es wieder verschwand, machte es lustige Grimassen.

3 Schreibt in der Gruppe eine Geschichte über ein böses Gespenst.

böse unheimlich gruselig dunkel ?

Stellt eure Arbeiten vor. Sprecht darüber.

22.2.21

Ein Gedicht verändern

1 Lies die beiden Gedichte und vergleiche sie. Was hat sich verändert? Unterstreiche in jeder Zeile die veränderten Wörter.

Der blaue Hund

Geh ich in der Stadt umher,
kommt ein blauer Hund daher,
wedelt mit dem Schwanz so sehr,
nebenher, hinterher,
und verlässt mich gar nicht mehr.
Wedelt mit den blauen Ohren,
hat wohl seinen Herrn verloren.

Peter Hacks

Das bunte Pferd

Geh ich in der Stadt umher,
kommt ein buntes Pferd daher,
wackelt mit dem Schweif so sehr,
nebenher, hinterher,
und verlässt mich gar nicht mehr.
Wackelt mit den bunten Ohren,
hat wohl seinen Reiter verloren.

von Flo

2 Schreibe ein Tier-Gedicht.

kariert

traurig

verrückt

schnell

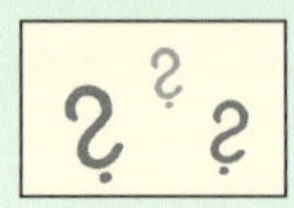

Lies dein Gedicht der Klasse vor.
Was finden die anderen in deinem Gedicht lustig?

Zusammengesetzte Nomen (1)

1 Welche Wörter stecken in diesen zusammengesetzten Nomen?

der Goldfisch

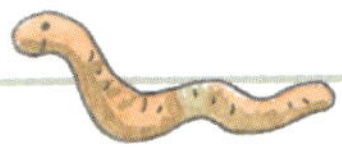
der Regenwurm

der Schäferhund

die Schildkröte

der Seelöwe

das Haustier

der Goldfisch: das Gold + der Fisch

2 Wie viele Wörter stecken in diesen zusammengesetzten Nomen?
Kennzeichne die Nahtstellen der Nomen in den Spalten und zähle.

die Kreuz|spinne	2	der Weltmeister	
das Kreuzworträtsel		der Fußballweltmeister	
die Haustür		der Apfelsaft	
der Haustürschlüssel		die Apfelsaftflasche	
der Handball		der Kirchturm	
der Handballtorwart		die Kirchturmuhrzeiger	

3 Schreibe die Wörter aus Aufgabe 2 ab.

Zusammengesetzte Nomen (2)

1 Bilde zusammengesetzte Nomen.
Schreibe sie mit Artikel und dem Zeichen für Nomen: ▲.

Achtung! Manchmal musst du ein n einfügen, um die Wörter zu verbinden.

Tasche Wand Kirchturm Taucher Sonne Wasser Sand Eier Küche Armband

die Taschenuhr ▲,

2 Welcher Schrank ist es? Ein zusammengesetztes Nomen beschreibt es genauer. Schreibe.

Ein Schrank für Bücher ist ein ____________.

Ein Schrank für Schuhe ist ein ____________.

Ein Schrank für Wäsche ist ein ____________.

Ein Schrank in der Küche ist ein ____________.

3 Welches Buch ist es? Schreibt in der Gruppe zusammengesetzte Nomen.

Schreibstudio Eine Geschichte schreiben

1 Sammle Ideen für deine Geschichte: Die Supermaus und ich.

Wo habt ihr euch getroffen?

Im Weltall?
oder: Auf dem Pausenhof?
oder: ______

Wie hast du Supermaus erkannt?

An ihren Antennen?
oder: An ihrem S?
oder: ______

Was hast du zur Supermaus gesagt?

He, Supermaus! Kommst du mit zum Mars?
oder: Hallo! Suchen wir einen Schatz?
oder: ______

Was habt ihr dann zusammen erlebt?

Wir sind in einer Rakete geflogen.
oder: Wir sind zur Schatzinsel gereist.
oder: ______

Wie ging das Abenteuer zu Ende?

______

______

2 Stellt eure Ideen in der Gruppe vor. Finden die anderen sie spannend?

3 Schreibe deine Fantasiegeschichte. Finde eine passende Überschrift. Male dazu.

Lies deine Geschichte vor. Hören alle gespannt zu? Sprecht darüber.

28.4.21

Den Wortstamm finden

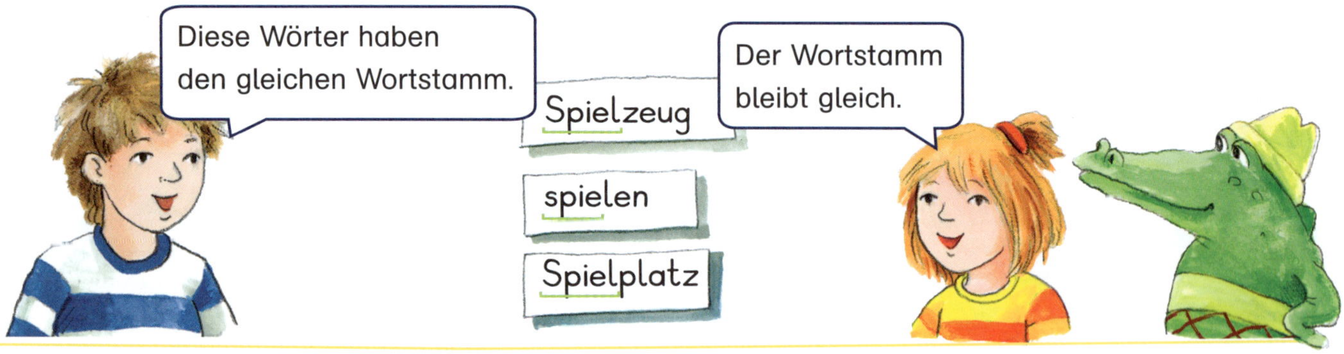

1 Kennzeichne die verschiedenen Wortstämme mit unterschiedlichen Farben.

spielen fahren kühlen der Spielplatz die Abkühlung

die Fahrkarte vorspielen das Fahrzeug der Kühlschrank

2 Schreibe die Wörter aus Aufgabe 1 geordnet auf.

SPIEL ____________________

FAHR ____________________

____

KÜHL ____________________

____

3 Setze passende Wörter mit dem Wortstamm SPRECH ein.
Kennzeichne den Wortstamm.

die Sprechstunde sprechen besprechen vorsprechen

Im Unterricht ____________ wir über Haustiere.

Der Tierarzt hat jeden Tag ____________.

Kannst du das Wort deutlich ____________?

Wir ____________ unseren Plan.

4 Suche mit einem anderen Kind möglichst viele Wörter mit dem Wortstamm WOHN.

zu Das Auer Sprachbuch, Seite 56

Anfangsbausteine für Verben

1 Schreibe sinnvolle Verben mit den passenden Anfangsbausteinen.

an | ab | ent
malen

an | ge | aus
ziehen

ein | zu | er
werfen

auf | her | ab
schreiben

hin | auf | ab
lesen

an | auf | zer
stehen

2 Setze passende Verben aus Aufgabe 1 ein. Kennzeichne die Anfangsbausteine.

Lena will einen Schmetterling ______.

Vor der Pause müssen wir die Jacken ______.

Kannst du mir den Ball ______?

Papa will den Brief in den Briefkasten ______.

Die Kinder sollen einen Text von der Tafel ______.

Den Liedertext kannst du ______.

Willst du nicht endlich ______?

Schreibstudio

Genauer beschreiben

1 Suche in der Natur etwas Schönes und bringe es mit. Betrachte dein Fundstück genau. Sammle mithilfe des Gedankenplans Stichwörter für deine Beschreibung.

Hier habe ich den Gegenstand gefunden:

Diese Farbe hat mein Fundstück:

Zeichne dein Fundstück.

So fühlt sich mein Fundstück an:

Diese Form hat es:

Das finde ich noch wichtig:

Das gefällt mir daran besonders gut:

Was mache ich mit meinem Fundstück?

2 Schreibe einen Text über dein Fundstück.

Stelle deinen Steckbrief in der Klasse vor. Sprecht darüber.

Sprachstudio

Passende Verben

1 Ersetze das Verb durch ein besser passendes Verb.

Krok sieht die Spinne.

beobachten anschauen anblicken bewundern

Flipp fährt schnell mit dem Roller.

rasen rollen tuckern kutschieren

Flo spricht mit Leo.

plaudern schimpfen quatschen stottern

Ben geht leise zur Lehrerin.

schleichen rennen wandern humpeln

Die Katze isst die Sahne.

schlecken kauen knabbern schmatzen

2 Lest den Text mit passenden Verben in Gruppen.

> 1. Lukas macht ein Zelt. 2. Lena spricht in Pias Ohr.
> 3. Mein Kater geht in den Garten. 4. Mutter macht mir einen Kuchen. 5. Die Lehrerin tut das Bild an die Wand.
> 6. Kemal sieht eine Schnecke im Lupenbecher.

3 Ersetze in Aufgabe 2 jedes Verb durch ein besser passendes Verb.

Stellt eure Arbeiten in der Klasse vor. Sprecht darüber.

Sprachstudio Sätze bauen und umstellen!

1 Baue Sätze aus den Wörtern. Stelle jeden Satz um. Beginne jeden Satz in einer neuen Zeile.

im Garten
Jan
hüpft

bellt
wütend
der Hund

Mimi
laut
schnurrt

singt
Lea
vor Freude

2 Hier haben sich Sätze versteckt. Schreibe. Tipp: Die Nomen brauchst du doppelt.

Peter malt Katzen fangen Mäuse fressen Käse mag

3 Kennzeichne in Aufgabe 2 die Verben mit dem Zeichen für Verben: ●.

22.4.21

Schreibstudio

Spannend schreiben

1 Wovor haben die Kinder Angst? Beschreibe genau, wie sich die Kinder fühlen.

Diese Wortgruppen können dir helfen:

am ganzen Körper zittern — eine Gänsehaut bekommen

den Atem anhalten — Herzklopfen spüren — wie gelähmt sein

weiche Knie bekommen — die Augen zukneifen

Sammelt besonders gute Beschreibungen.

Sprachen sind verschieden (1)

1 Schreibe zum türkischen Gemüsenamen das deutsche Wort mit Artikel. Vergleiche die Wörter: Was ist ähnlich? Was ist verschieden?

 biber

die Paprika

 havuç

 salatalık

 domates

 soğan

 sarımsak

 rezene

 patates

 patlıcan

2 Schreibt in der Gruppe Einkaufszettel für Obst und Gemüse in deutscher Sprache, in türkischer oder in einer anderen Sprache.

Wie war die Arbeit in der Gruppe?

zu Das Auer Sprachbuch 2, Seite 68

Sprachen sind verschieden (2)

1 Suche die Tiernamen in anderen Sprachen. Trage die passende Zahl in den Kreis ein.

① Elefant ② Tiger ③ Giraffe ④ Krokodil ⑤ Kuckuck ⑥ Löwe

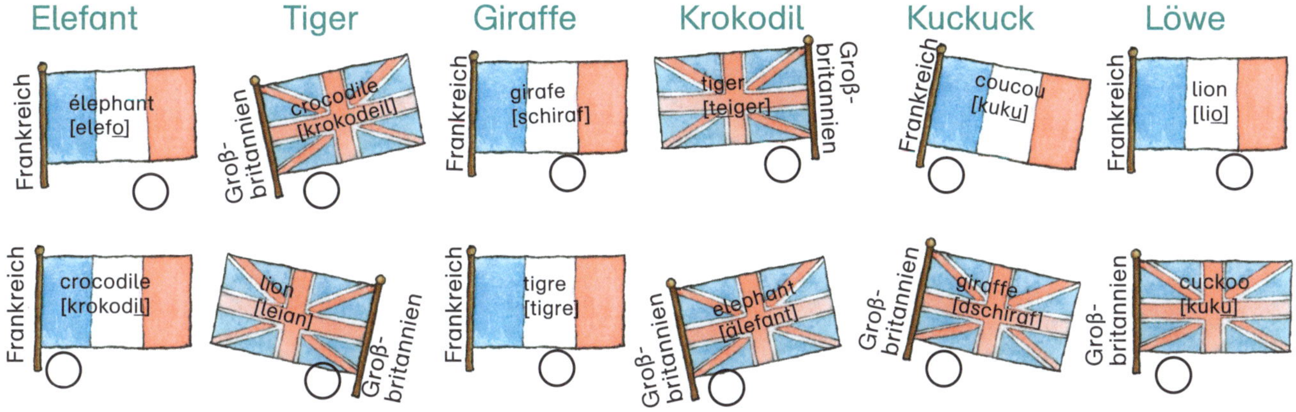

2 Schreibe die Zahlwörter auf deutsch und in den anderen Sprachen. Vergleiche sie.

eins, zwei, drei, vier, fünf, sechs, sieben, acht, neun, zehn

one, two, three, four, five, six, seven, eight, nine, ten

bir, iki, üç, dört, beş, altı, yedi, sekiz, dokuz, on

Schreibstudio

Ein Plakat gestalten

1 Sammle alles, was du gerne magst. Du kannst schreiben, malen, Fotos verwenden oder Bilder aus Zeitschriften ausschneiden.

Alles, was ich gerne mag:

meine Freundinnen und Freunde

mein Lieblingstier

mein Lieblingsessen

mein Lieblingsspielzeug

mein schönstes Erlebnis

Stelle dein Plakat der Klasse vor. Machen Farben, Schrift und Bilder dein Plakat interessant? Was gefällt den anderen besonders?

zu Das Auer Sprachbuch 2, Seite 71

Sprachstudio

Mit Texten unterhalten

Die Kinder der Klasse 2 a wollen ein Geschichtenbuch schreiben. Lena und Emil schreiben über eine Maus, die im Schulhaus wohnt.

1 Vergleiche Lenas und Emils Texte. Welche Geschichte würdest du lieber hören? Warum?

Im Schulhaus wohnt eine Maus. Sie läuft überall herum. Sie nimmt Sachen weg.

Lena

Der geheimnisvolle Dieb

Immer wieder passieren merkwürdige Dinge in unserem Klassenzimmer: mal ist ein Apfel angeknabbert, mal verschwindet ein Stückchen Papier. Niemand kann sich erklären, wer das macht. Eines Tages war es sehr still. Plötzlich hörten wir es leise rascheln. …

Emil

2 Schreibe den Text von Emil weiter.
Versuche, spannend und lebendig zu erzählen.

Mit Texten etwas mitteilen

1 Klara lädt zu einem Piratenfest ein.
Was sagst du zu ihrer Einladung?

Einladung

Kommt alle zu meinem Piratenfest.
Es findet im Garten
bei meiner Oma statt.
Wir machen etwas Schönes.

Deine Klara

In Klaras Einladung steht nicht, was ihre Gäste wissen müssen:

Piratenfest verkleidet
Schatzsuche Garten von Oma
Sonnenstraße 12

22. Juli 14.00 Uhr 18.00 Uhr
Piratenwürstchen Limo

2 Schreibe und gestalte Klaras Einladungskarte.

3 Schreibe und gestalte eine Einladungskarte.
Wähle ein Thema aus oder erfinde selbst ein Fest, zu dem du eine Karte gestalten möchtest.

 Sommerparty

 Ritterfest

 Feenfest

?

Schreibstudio Ein Elfchen schreiben

1 Verfasse ein Elfchen zu „Frau Holle“.
Diese Wörter können dir helfen:

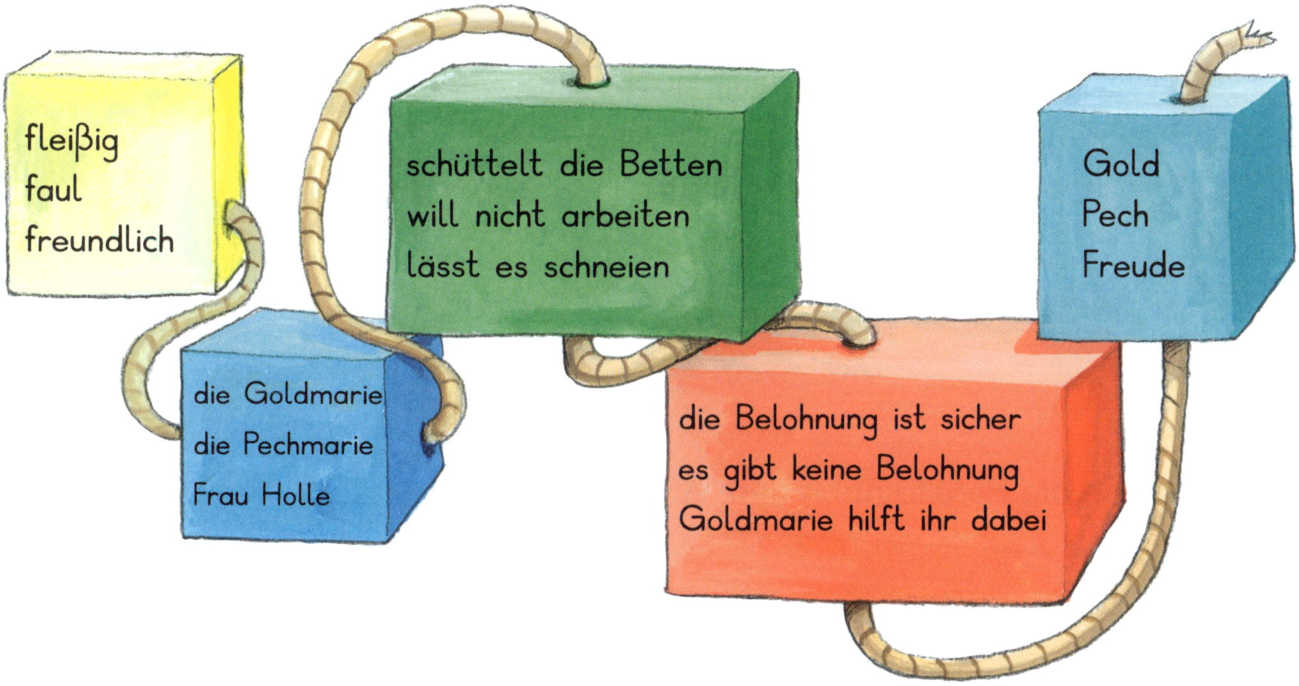

2 Verfasse ein eigenes Elfchen. Male dazu.

Stellt eure Arbeiten in der Klasse vor. Sprecht darüber.

Das Abc

1 Schreibe die Großbuchstaben nach dem Abc geordnet auf.

A

2 Schreibe die Kleinbuchstaben nach dem Abc geordnet auf.

a

3 Verbinde die Punkte nach dem Abc.

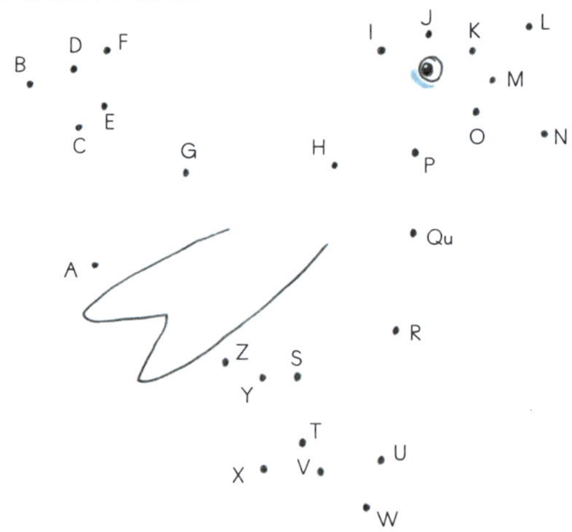

4 Erfinde selbst eine Abc-Figur.

Ordnen nach dem Abc

1 Schreibe die Tiernamen nach ihren Anfangsbuchstaben geordnet ab.

Elefant, Jaguar, Chamäleon, Osterhase, Tiger, Fliege, Maus, Ziege, Uhu, Reh, Biene, Schaf, Vogel, Affe, Kuh, Gans, Nashorn, Igel, Papagei, Hase, Wal, Löwe, Qualle, Dino, Yak

A Affe	N
B	O
C	P
D	Qu
E	R
F	S
G	T
H	U
I	V
J	W
K	X
L	Y
M	Z

Vokale und Konsonanten

ABCDEFGHIJKLMNOPQuRSTUVWXYZ

1 Schreibe die Vokale. _ _ _ _ _

2 Setze die fehlenden Vokale ein. Schreibe das Wort.

 Z_br_

 H_s_

 H_nd

 _ff_

 T_g_r

 D_n_

 W_lf

 _nt_

3 Setze die passenden Vokale ein. Schreibe die Wörter.

	Nudel	*Nudel*	Bach		
	N_del		B_ch		
	Hase		Hand		
	H_se		H_nd		
	Mund		Kegel		
	M_nd		K_gel		
	Schale		Wand		
	Sch_le		W_nd		

zu Das Auer Sprachbuch 2, Seite 81

Richtig schreiben 1 Silben

1 Nach Silben kann man gehen, hüpfen, klatschen oder sie mit einem Instrument spielen.

2 Schreibe die Wörter zu den Bildern aus Aufgabe 1. Zeichne die Silbenbögen. Kennzeichne die Vokale.

3 Schreibe die Wörter. Zeichne die Silbenbögen. Kennzeichne die Vokale.

Wörter mit X/x, Qu/qu, C/c

1 Schreibe die Nomen mit Artikel und die Verben in der er-Form.

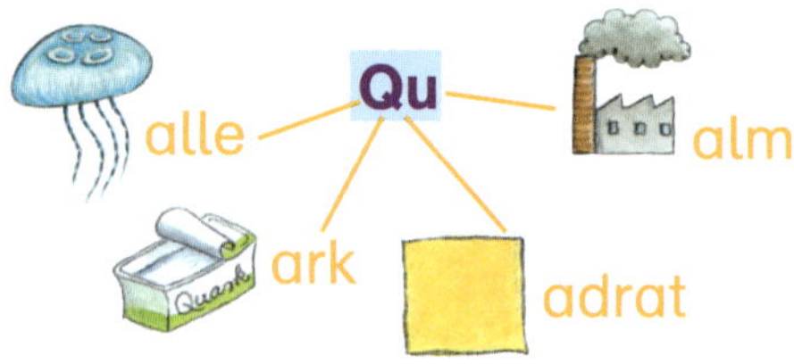

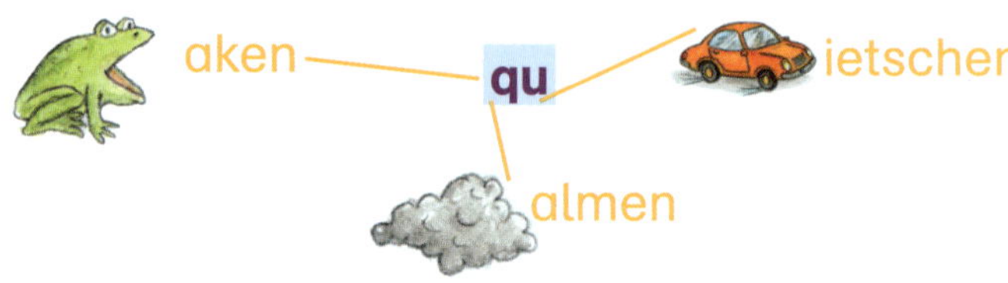

der Qualm,

er quakt,

2 Bilde Nomen und Verben. Schreibe wie in Aufgabe 1.

Ta, Mi, He, Bo, Ni — xi, xer, xe

mi, bo, he — xen

3 Schreibe die Nomen.

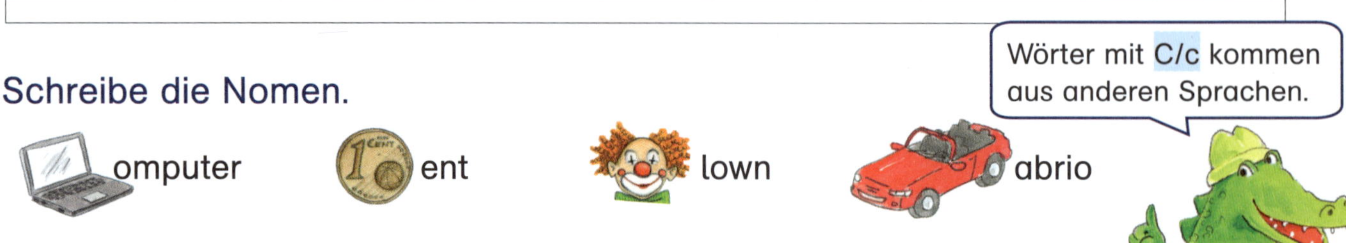

Wörter mit ch

1 Setze ch ein. Schreibe die Nomen mit Artikel.

Bu ___ Na ___ t Bau ___ Lo ___ Kir ___ e Da ___ Kra ___

2 Verwende alle Wörter aus jedem Wörterturm in einem Satz. Kennzeichne ch. Denke daran, Satzanfänge schreibt man groß.

nach / durch / auch

Till saust ___ schnell ___ die Pfützen ___ Hause.

ich / dich / mich

___ freue ___ , wenn du ___ freust.

nicht / doch / dich

Da bist du ja! Du hast ___ ___ ___ versteckt.

3 Schreibe die Sätze ab. Kennzeichne ch.

Es wird Nacht. Ich mache Licht. Ich suche mein Buch. Auch Lea ist noch wach.

4 Schreibe mit den Wörtern mit ch von Aufgabe 1 eigene Sätze.

Wörter mit Sch/sch

1 Setze Sch oder sch ein. Schreibe die Wörter. Kennzeichne Sch/sch.

___irm ___lafen Men___ Du___e ___wester

___lau Fla___e wa___en ___al ___ön

2 Schreibe die Nomen mit Artikel.

3 Kennzeichne Sch/sch im Text. Schreibe alle Wörter mit Sch/sch.

Die Schule ist aus. Sascha wartet auf Mischa.
Da ist ja schon der Bus. Wo ist Mischa? Er sucht seine Tasche.

4 Lass dir den Text von einem anderen Kind diktieren.

Zwielaute

1 Setze Ei/ei, Au/au oder Eu/eu ein.

___s dem Haus
s___st die M___s
schnell her___s.

H___te h___len
n___n ___len in
der Sch___ne.

___ns zw___ dr___
kommt herb___!
M___ne Henne legt ein ___.

2 Schreibe die Wörter geordnet auf. Kennzeichne die Zwielaute. 

der  ro der B  m das B  n das  ge die  le

das Kl  d der Fr  nd das H  s die Z  t

Ei/ei	Au/au	Eu/eu

3 Gestaltet in Gruppen Lernplakate zu Ei/ei, Au/au, Eu/eu.

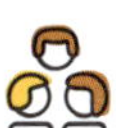 Wie habt ihr in der Gruppe zusammengearbeitet?

Umlaute

1 Setze die Umlaute ein.

 K ☐ fer | 5 f ☐ nf |  L ☐ we |  F ☐ ller

 h ☐ ren |  M ☐ dchen |  W ☐ rfel |  b ☐ se

 Br ☐ tchen |  K ☐ fig |  B ☐ r |  Gem ☐ se

2 Schreibe die Wörter aus Aufgabe 1 geordnet auf.

Ä/ä ________________

Ö/ö ________________

Ü/ü ________________

3 Schreibe die Nomen mit Artikel in der Einzahl und in der Mehrzahl. 

 ________________ →  ________________

 ________________ →  ________________

 ________________ →  ________________

 ________________ →  ________________

 ________________ →  ________________

Richtig schreiben 2 Wörter mit ng und nk

1 Schreibe die Wörter mit ng mit dem Artikel ein oder eine.
Kennzeichne ng.

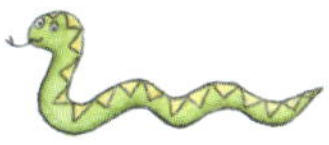 Tier ohne Beine

 Schmuckstücke für den Finger

ein Mädchen und ein … 

 er gehört zur Hand

Teil einer Pflanze 

sie ist im Mund 

2 Bilde Sätze. Kennzeichne nk.

steht	krank	Teller und Tassen
unter dem Baum	meine Katze	in den Schrank
eine Bank	ist	gehören

3 Schreibe die Verben. Kennzeichne ng und nk. Zeichne die Silbenbögen.

brin- sin- fan- klin- hän- **gen**

dan- den- trin- win- tan- **ken**

4 Bilde Sätze mit den Verben aus Aufgabe 3.

Deutlich sprechen

1 Sprich die Nomen deutlich. Male für jeden Laut einen Kreis. Schreibe die Nomen.

●●●● 
Ente

2 Lies genau. Sprich deutlich. Schreibe die Sätze.

Jan holt seinen Drachen.

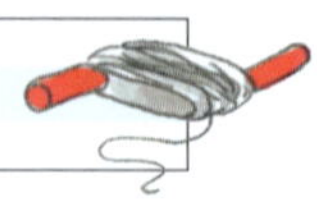

Er sucht eine Schnur.

Nun saust er los.

Der Drachen steigt.

Bald ist der Drachen hoch oben.

3 Diktiere den Text aus Aufgabe 2 einem anderen Kind.

Abschreibtipp für Wörter

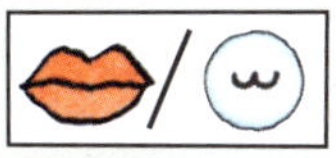 1. Sprich das Wort deutlich und in Silben.
Worauf achtest du?

 2. Decke das Wort zu.

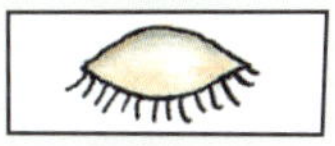 3. Stelle dir das Wort vor. Schule

 4. Schreibe für jeden Laut den passenden Buchstaben.

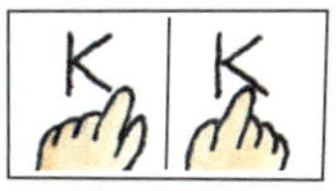

5. Kontrolliere, ob jeder Buchstabe stimmt.

1 Schreibe die Wörter ab. Beachte den Tipp von Flipp

 die Blüte

 kaufen

 das Gras

 der Regen

 hören

 finden

 die Seife

 lesen

 baden

 die Erde

2 Schreibe zehn Wörter aus der Wörterliste (Seite 92 – 95) oder dem Wörterbuch ab. Beachte den Tipp von Flipp.

Wortbausteine für Verben

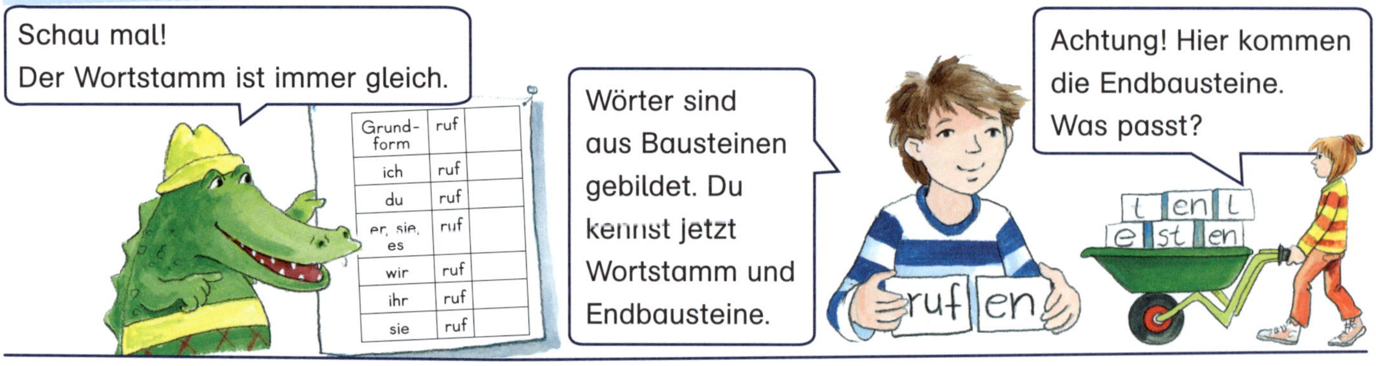

1 Schreibe die Verben in der ich-, du-, er- und wir-Form.
Kennzeichne die Endbausteine.

rufen malen denken

ich rufe

du

er

wir

schreiben üben hören

ich

du

er

wir

2 Ergänze die richtige Form.

Ich ______ Flo.

Du ______ Krok.

Flo ______ .

Da ______ wir auch.

malen

lachen

3 Schreibe die Sätze aus Aufgabe 2 auswendig.

Richtig schreiben 3

BeGeDe-Wörter

1 Das BeGeDe mag Wörter mit B, G und D. Sprich deutlich.
Kennzeichne das Futter, das das BeGeDe auswählen wird.

2 Schreibe das Futter für das BeGeDe aus Aufgabe 1 mit Artikel.

3 Welche Wörter mag das BeGeDe?
Schreibe sie.

baden loben tanken gerne dann geben lenken dumm gerade

4 Malt in der Gruppe ein BeGeDe. Schreibt BeGeDe-Wörter dazu.

Richtig schreiben 3 PeKaTe-Wörter

1 Das PeKaTe mag Wörter mit P, K und T. Sprich deutlich.
Kennzeichne das Futter, das das PeKaTe besonders gerne mag.

2 Schreibe das Futter für das PeKaTe aus Aufgabe 1 mit Artikel.

3 Suche im Buchstabengitter sinnvolle Wörter. Kennzeichne sie farbig.

K	A	T	Z	E	M	B	R	X	N	K	I	N	O	K
U	S	A	P	U	M	A	O	N	T	A	N	K	R	N
H	U	T	N	S	U	T	T	R	L	X	T	I	E	R
QU	R	A	U	P	E	L	O	L	SCH	N	E	CK	E	P

4 Schreibe die Wörter aus Aufgabe 3 mit Artikel.

5 Malt in der Gruppe ein PeKaTe. Schreibt PeKaTe-Wörter dazu.

zu Das Auer Sprachbuch 2, Seite 93

BeGeDe- und PeKaTe-Wörter

1 Sprich deutlich. Kennzeichne das Wörterfutter für das PeKaTe rot, für das BeGeDe grün. Welches Wort passt für beide?

2 Setze die passenden Buchstaben ein.

☐all ☐ose Zel☐ ☐i☐er ☐urm ☐opf

☐anne I☐el Lu☐e ☐ra☐e ☐uch ☐izza

3 Welche Wörter mag das BeGeDe? Schreibe sie mit Artikel.

TÜTE DONNER BEULE TURM BAUM LAGER NADEL HUT

4 Welche Wörter mag das PeKaTe? Schreibe sie mit Artikel.

KEKS KISTE TEMPERATUR AST BAUM HAKEN IGEL TAPETE PUMPE

Silben: offen – geschlossen

1 Schreibe die Wörter in Silben getrennt. Zeichne die Silbenbögen. Kennzeichne den letzten Buchstaben der ersten Silbe.

Käfer Kuchen holen Wege Juli malen
Name Seife machen geben böse Gräser

Die erste Silbe dieser Wörter ist ______________________ .

2 Schreibe die Wörter in Silben getrennt auf. Zeichne die Silbenbögen. Kennzeichne den letzten Buchstaben der ersten Silbe.

Ente Kiste Tante finden kommen basteln
müssen Mutter turnen rollen Winter Sommer

Die erste Silbe dieser Wörter ist ______________________.

3 Ordne die Wörter: Erste Silbe offen? Erste Silbe geschlossen?

Wurzel Vater pflanzen Körper schreiben Klasse zeigen Kater Feder
Maske Filter Kreisel Menschen München Berlin Kerze

Abschreibtipp für Sätze

1. Lies und sprich den Satz genau. Worauf achtest du?
2. Decke so viele Wörter zu, wie du dir merken kannst.
3. Schreibe jedes Wort und sprich leise dazu.
4. Kontrolliere, ob alle Wörter richtig geschrieben sind.

1 Schreibe die Sätze ab. Denke an den Abschreibtipp von Flipp.

- Jeder Satz fängt mit einem großen Buchstaben an.
- Am Ende des Satzes steht ein Punkt.

Ich hüpfe vor Freude in die Luft.

Ich lache laut über einen Witz.

Ich finde bunte Farben schön.

Ich kann gut rennen und springen.

Ich mache gerne mit Freunden Musik.

Ich baue heute einen hohen Turm.

2 Lass dir von einem anderen Kind zwei Sätze aus Aufgabe 1 diktieren. Überprüft mit den Sätzen aus Aufgabe 1 oder mit der Wörterliste (Seite 92–95) oder dem Wörterbuch.

Richtig schreiben 3 **Wörter mit V/v**

1 Suche im Buchstabengitter diese Wörter mit V/v. Kennzeichne sie farbig.

Vase vierzig Vogel Vater brav viel vier vom vor voll von

S	R	V	A	T	E	R	W	R	F	G	T	L	N	V	U	L	A
T	Z	U	I	O	P	Ö	Ä	V	A	S	E	V	B	R	A	V	G
X	H	V	Z	U	I	O	V	I	E	R	P	H	L	M	K	J	Y
G	H	V	O	G	E	L	K	E	S	W	V	O	N	K	L	X	V
Q	W	G	V	O	L	L	U	L	I	O	P	Ü	V	I	E	L	O
J	K	E	L	Ö	V	O	M	B	N	M	V	O	R	M	N	B	L
O	P	L	Y	X	C	V	B	I	V	I	E	R	Z	I	G	O	L

2 Schreibe die Wörter aus Aufgabe 1. Kennzeichne V/v.

3 Setze passende Wörter mit V/v aus Aufgabe 2 ein.

Das Gegenteil von leer ist ______. Das Auto steht ______ dem Haus.

Paul bekommt ein Geschenk ______ seiner Oma.

Unser ______ sitzt im Käfig. Ein Baby muss ______ schlafen.

Es gibt ______ Jahreszeiten.

4 Schreibe die Sätze aus Aufgabe 3 ab.
Denke an den Abschreibtipp von Flipp.

Wörter mit ie

1 Sprich die Wörter deutlich. Kennzeichne die Wörter, in denen i lang klingt.

2 Schreibe die Nomen aus Aufgabe 1 mit Artikel.
Zeichne die Silbenbögen. Kennzeichne ie.

3 Setze die Verben mit ie in die verschiedenen Formen.

liegen	spielen	lieben
ich liege		
du		
er		
wir		

4 Schreibe lustige Sätze zu diesen vier seltsamen Bildern.

Wörter mit stummem -h- (1)

1 Kennzeichne die Lupenstellen.

Jahr Lehrer Ohr Stuhl Zahn Uhr Sohn
Zahl Höhle Fahne Bohne Mühle Fehler

2 Schreibe die Nomen mit Artikel in Einzahl und Mehrzahl geordnet auf.

-ah -äh	das Jahr – die Jahre,
-eh	
-oh -öh	
-uh -üh	

3 Kennzeichne die Lupenstellen.

zählen fühlen bohren fahren

4 Schreibe jedes Verb von Aufgabe 3 in der er-Form und in der wir-Form.

5 Kennzeichne die Lupenstellen.

zehn mehr wahr kühl gefährlich lahm fröhlich

6 Bilde Sätze mit den Wörtern aus Aufgabe 5.

Wörter mit stummem -h- (2)

ihn	ihr	ihm	ihre	ihrem	ihren

1 Lies die Geschichte. Setze diese Wörter ein.

ihn ihr ihm ihre ihrem ihnen

Evas bester Freund

Eva hat einen jungen Hund.

Sie hat ______ zum Geburtstag bekommen.

Er ist ______ bester Freund.

Sein Körbchen steht in ______ Zimmer.

Nach der Schule geht sie mit ______ spazieren.

Dann schaut er ______ zu, wie sie ______ Hausaufgaben macht.

Oft spielt sie mit ______ .

Sie streichelt ______ und wirft ______ Bälle zu.

Er hört auf ______ Stimme.

Zusammen wird es ______ nie langweilig.

2 Schreibe die Wörter mit ih aus Aufgabe 1. Kennzeichne ih.

______

3 Lass dir von einem anderen Kind einen Absatz aus Aufgabe 1 diktieren.

Nomen mit er, el

1 Bilde Nomen mit den Endbausteinen er und el. Schreibe sie mit Artikel. Kennzeichne den Endbaustein.

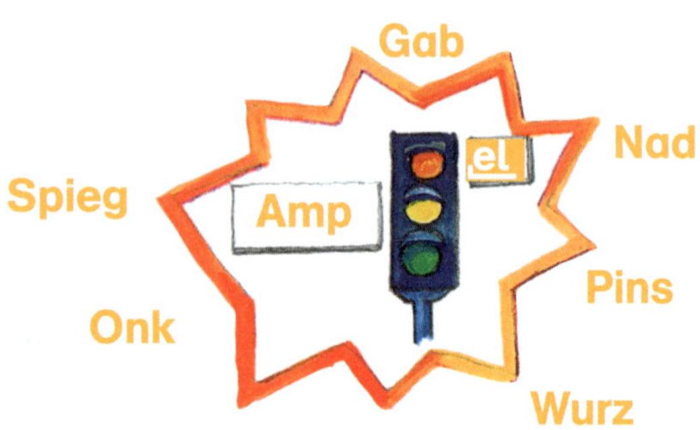

el: ______________________________

____

er: ______________________________

____

2 Setze passende Wörter aus Aufgabe 1 ein.

Mein kleiner __________ spielt mit mir.

Anna betrachtet sich im __________ .

Emil schaufelt Sand in den __________.

Im Urwald leben __________.

Das Auto hält an der __________.

Am Samstag besuchten uns meine Tante und mein __________.

3 Lass dir von einem anderen Kind Sätze aus Aufgabe 2 diktieren.

Richtig schreiben 4 Betonte Vokale

1 Kennzeichne den betonten Vokal, den betonten Umlaut oder au, ei, eu.

das Lama die Schaufel die Flöte der Garten die Tonne der Himmel

die Feder das Feuer die Lampe die Leiter die Nadel die Säge

die Tüte die Träne die Eule der Zeiger

2 Schreibe die Wörter aus Aufgabe 1 geordnet auf.

a/e/i o/u

ä/ö/ü

au/ei eu

3 Setze die betonten Vokale oder Umlaute ein.

Eins, zwei, drei, die H☐nne

legt ein Ei. Sie s☐tzt sich auf

das Ei hinauf, da schl☐pft ein

g☐lbes K☐ken raus.

Eins, zwei, drei und d☐ b☐st frei!

4 Schreibe den Abzählreim aus Aufgabe 3 ab.
Denke an den Abschreibtipp von Flipp.

Vokale: kurz oder lang

 der Hase

 die Palme

1 Sprich die Wörter deutlich. Kennzeichne den betonten Vokal mit _ oder • .

die Hose   die Insel   der Schal   der Schall   der Löwe   die Hüte

die Kasse   die Hütte   die Kerze   die Schere   das Fenster   der Vogel

2 Schreibe die Wörter aus Aufgabe 1 geordnet auf.

–

•

3 Kennzeichne den betonten Vokal in den farbigen Wörtern mit _ oder • .

Max malt ein Bild für seine Schule.

Er malt Bären und Affen.

Auch Schlangen und Löwen sind dabei.

Max hat keine Angst.

Die Tiere sind aus Stoff.

4 Schreibe die Sätze aus Aufgabe 3 ab. Denke an den Abschreibtipp von Flipp.

Wörter mit Doppelkonsonanten (1)

1 Schreibe die Nomen. Denke an den Abschreibtipp von Flipp.
Kennzeichne den kurzen Vokal.

die Puppe

die Pfanne

der Koffer

die Kasse

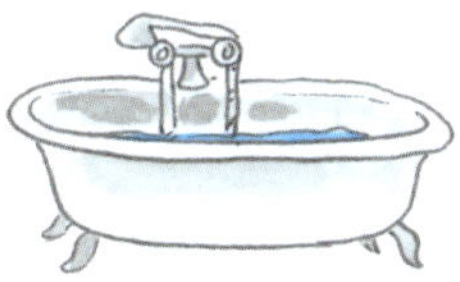
die Wanne

der Affe

die Brille

die Wippe

2 Schreibe die Nomen. Denke an den Abschreibtipp von Flipp.
Kennzeichne den kurzen Vokal.

das Wetter   die Falle   die Suppe   der Donner   der Keller   das Gewitter

die Quelle   das Futter   die Wolle   die Lippe   der Brunnen   die Pappe

3 Suche mit einem anderen Kind weitere Wörter mit Doppelkonsonaten in der Wörterliste (Seite 92–95) oder im Wörterbuch.

5.7.21

Wörter mit Doppelkonsonanten (2)

1 Verbinde die Silben zu Wörtern.

wol	stel	Tas	Tel	Mes	Löf	But	Kan	Mut
len	se	len	ler	el	ser	ne	ter	ter

2 Schreibe die Wörter aus Aufgabe 1. Zeichne die Silbenbögen.

3 Setze die passenden Wörter aus Aufgabe 2 ein.

Frühstück

Lena und Emil ______ am Morgen den Tisch decken.

Zuerst stellen sie ______ und ______ hin.

Dann holen sie ______ und ______ aus der Schublade.

Sie nehmen die ______ aus dem Kühlschrank.

Eine ______ mit Saft darf auch nicht fehlen.

Die ______ freut sich sehr.

4 Lass dir von (einem anderen Kind) den Text von Aufgabe 3 diktieren. Zuhause

Wörter mit St/st

1 Lies die Nomen langsam und deutlich. Kennzeichne St.

Stein Straße Stern Stiefel Stuhl Strumpf Stunde Stift

2 Schreibe die Nomen mit Artikel. Kennzeichne St.

3 Setze die passenden Verben ein. Kennzeichne st.

einen Wollschal

auf eine Leiter

bei einem Rennen

jemanden bei der Arbeit

ein Buch ins Regal

Butter auf ein Brot

über die eigenen Füße

stören

stolpern

stellen

streichen

steigen

starten

stricken

Wörter mit Sp/sp

1 Suche im Wörtergitter neun Nomen mit Sp. Kennzeichne sie farbig.

X	S	P	I	E	L	X	M	S	P	I	N	N	E	K	S	P	A	G	E	T	T	I
O	F	A	S	P	O	R	T	P	G	S	P	A	T	Z	O	S	P	I	E	G	E	L
S	P	I	N	A	T	D	S	P	E	C	H	T	W	S	P	I	R	A	L	E	C	F

2 Schreibe die Nomen aus Aufgabe 1 mit Artikel. Kennzeichne Sp.

3 Suche im Wörtergitter neun Verben mit sp. Kennzeichne sie farbig.

s	p	i	e	l	e	n	a	s	p	e	i	s	e	n	h	a	s	p	u	k	e	n
o	m	r	s	p	u	c	k	e	n	a	r	a	s	p	a	r	e	n	z	k	m	o
h	k	b	s	p	r	e	c	h	e	n	h	i	l	l	u	s	p	ü	l	e	n	b
l	e	z	r	s	p	a	z	i	e	r	e	n	o	v	s	p	r	i	n	g	e	n

4 Schreibe die Verben aus Aufgabe 3 in der wir-Form. Kennzeichne sp.

5 Bilde Sätze mit den Verben aus Aufgabe 3.

Verben: Anfangsbausteine

1 Bilde neue Verben mit den Anfangsbausteinen ver oder vor.

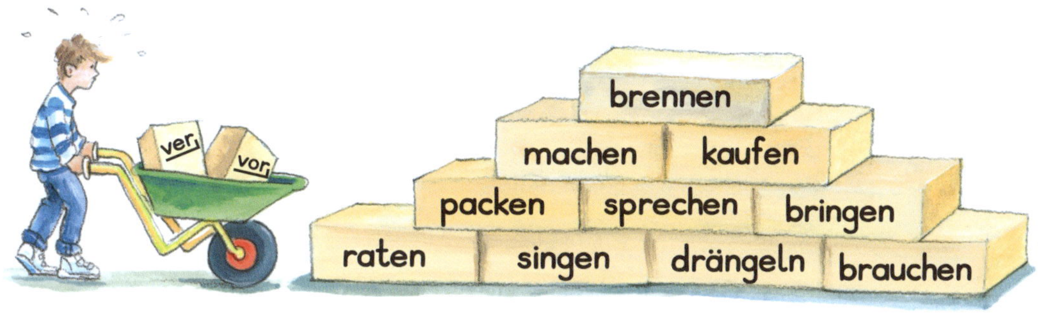

2 Bilde neue Verben. Schreibe Sätze mit diesen Verben.

zählen | holen | schlafen | kaufen

er 

er 

ein 

ein 

4.2.21

Wörter mit Ä/ä

1 Schreibe die Nomen in der Mehrzahl. Kennzeichne Ä/ä.

 der Apfel →  ____________

 der Ball →  ____________

 das Blatt →  ____________

 das Rad → 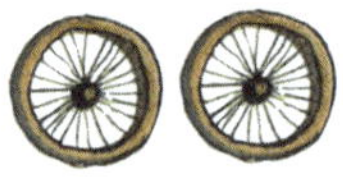 ____________

2 Suche das verwandte Wort mit A/a. Schreibe.

 die Äste →  ____________

 die Gärten →  ____________

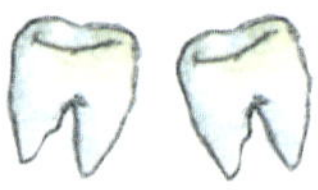 die Zähne → 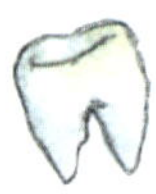 ____________

 die Mäntel →  ____________

3 Setze die Verben in der richtigen Form ein. Kennzeichne ä.

Paula ____________ den Einkaufskorb.
tragen

Eva ____________ Mamas Hand.
halten

Tom ____________ den Ball.
fangen

Oma ____________ mit dem Bus.
fahren

Der Apfel ____________ vom Baum.
fallen

Der Wind ____________ stark.
blasen

Wörter mit Äu/äu

1 Schreibe die Wörter in der Einzahl und in der Mehrzahl mit Artikel. Kennzeichne au und äu.

	Einzahl		Mehrzahl
die B  me		→	
die Kr 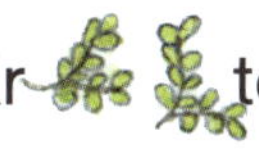 ter		→	
die Str  ße		→	

2 Suche im Text alle Wörter mit äu. Kennzeichne sie.

In Bens Straße stehen viele Häuser. Die meisten Grundstücke haben Zäune. In den Gärten wachsen Sträucher und Bäume. In Bens Garten gibt es ein Beet mit Kräutern. Bens Hund läuft gern im Garten herum.

3 Schreibe zu jedem Wort mit äu aus Aufgabe 2 ein verwandtes Wort mit au.

4 Schreibe die Wörter nach ihren Wortstämmen geordnet auf.

geräumig träumen räumen die Träume aufräumen verträumt

TRAUM

RAUM

5 Lass dir von einem anderen Kind den Text aus Aufgabe 2 diktieren.

Wörter mit ck und tz

1 Kennzeichne den kurzen Vokal. Schreibe die Wörter.
Verwende den Artikel bei Nomen und die wir-Form bei Verben.

Schnecke Blitz Hecke Katze backen sitzen Brücke

kratzen packen Satz wecken Sitz

2 Schreibe die Nomen in der Mehrzahl.

Blitz →

Witz →

Satz →

Schatz →

3 Schreibe in die Schnecke Wörter mit ck aus der Wörterliste (Seite 92 – 95) oder aus dem Wörterbuch.

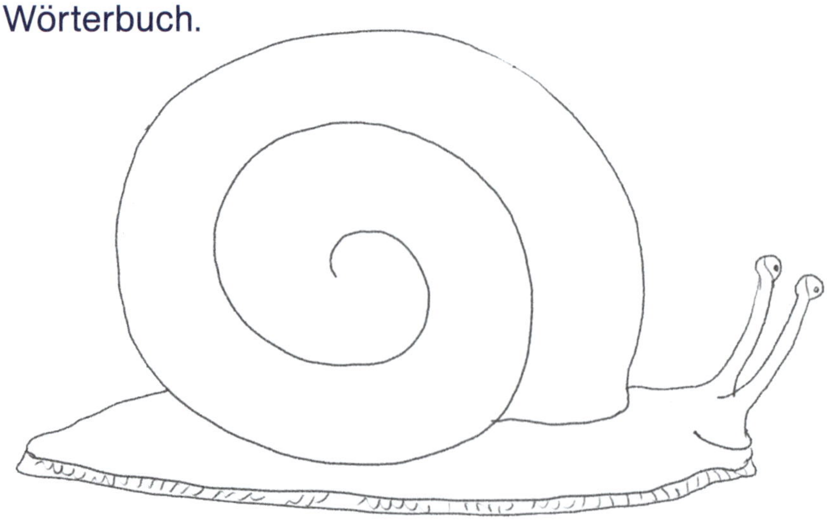

4 Malt ein großes Katzen-Plakat. Schreibt Wörter mit tz dazu.

Wörter mit Pf/pf

1 Löse das Kreuzworträtsel. Die Buchstaben in den gelben Feldern ergeben das Lösungswort.

					1		
		2					
	3						
4							
	5						
		6					
				7			

Lösungswort:

1	2	3	4	5	6	7

2 Springe von Pfütze zu Pfütze und bilde Wörter. Schreibe die Wörter.

hüp Karp Schnup fen fen

klop fen schlüp fen Wip fel

Köp fen fe Gip fel

3 Bilde Reimpaare. Schreibe die Verben in der ich-Form.

tupfen	hüpfen	rupfen	reifen
z	schl	t	pf

Auf das Wortende achten

1 Setze die Nomen zuerst in die Mehrzahl. Trage dann den richtigen Buchstaben ein.

der Win *d*	→ *die Winde*	das Kal	→
der Ber	→	die Bur	→
das Pfer	→	der Mon	→
der Kor	→	der Ta	→
der Zwer	→	der We	→
das Ra	→	der Freun	→

2 Verlängere zuerst. Trage dann den richtigen Buchstaben ein.

Obst ist gesun *d* . — *das gesunde Obst*

Bananen sind gel ___ . 

Der Mond ist nur hal ___ . 

Das Lan ___ ist mir frem ___ .

3 Schreibe die Sätze ab und ersetze die Bilder durch Wörter.

Ich stehe im  .

Der  bläst mir ins Gesicht.

Da kommt ein  .

Er nimmt mich an die 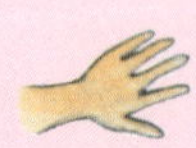 .

Wir gehen auf einen  .

Ich fülle Edelsteine in meinen  .

Richtig schreiben 6 d oder t, g oder k, b oder p?

1 Setze die passenden Verben in der richtigen Form ein.

ge
schrei
lie
le
ü
ben

Julia ______ ihren Hamster.

Johnny ______ in Amerika.

Alexander ______ das Diktat.

Marie ______ mir ihr Pausenbrot.

Vater ______ einen Brief.

le
zei
lie
sa
gen

Das Huhn ______ ein Ei.

Wer ______ das noch einmal?

Die Lehrerin ______ das Wort.

Hannah ______ im Bett.

2 Setze die passenden Buchstaben ein.

Lukas lie ___ t die Kängurus. Er zei ___ t Lea viele Fotos.
Lea fra ___ t: „Wo le ___ t das Känguru?“ Lukas sa ___ t:
„Kängurus gi ___ t es in Australien.“ Er schrei ___ t unter
das Bil ___ : Mein Lie ___ lingstier ist das Känguru.

zu Das Auer Sprachbuch 2, Seite 115

Richtig schreiben 6 Wörter mit ß

1 Kennzeichne den lang gesprochenen Vokal, Umlaut oder au, ei vor dem ß.

der Ruß das Floß der Stoß der Fleiß groß bloß süß heiß weiß

2 Kennzeichne in den Wörtern die Lupenstelle.

die Straße	heißen	fleißig	draußen	grüßen
die Größe	beißen	gießen	der Strauß	außen
der Gruß	er fraß	fließen	der Fuß	
die Soße	schließen	der Spaß	vergrößern	

3 Schreibe die Wörter geordnet auf.

aß	
auß	
eiß	
ieß	
oß/öß	
uß/üß	

4 Schreibe zu fünf Wörtern aus Aufgabe 3 sinnvolle Sätze.

zu Das Auer Sprachbuch 2, Seite 116

Auf r achten

1 Setze r ein. Lies so, dass du r deutlich hörst.
Schreibe die Nomen. Trenne sie.

der Kö r per	der Körper	→ der Kör-per
die Bi ne		→
die Wu zel		→
der Pa tner		→
der Ga ten		→

2 Setze r ein. Schreibe jedes Nomen in der Mehrzahl auf.
Schreibe es in der Einzahl. Kennzeichne r.

die Tü r	die Tü-ren	→ die Tür
das Oh		→
das Wo t		→
der Wu m		→
der Ko b		→

3 Schreibe die Verben in Silben auf. Kennzeichne r.

antworten turnen dürfen arbeiten lernen

Fehler berichtigen

1 Kennzeichne mit einem anderen Kind die Fehler. Schreibe die Wörter richtig.

Afel Kreite Pfead

Mutta Schaufl dunkl

ferkaufen forlesen ferschlafen

das zelt das kind die nacht

der Walt fremt die Want

die Strase der Feler das Termometer

die Zal das Kwadrat gros

Sprache untersuchen

1 Schreibe die Nomen für Menschen, Tiere, Pflanzen und Dinge geordnet auf.

Fisch Rose Gras Lehrer Teller Freund
Wurm Vater Hamster Fenster Heft Tanne

 ▲ Menschen:

 ▲ Tiere:

 ▲ Pflanzen:

 ▲ Dinge:

2 Schreibe die Nomen in der Mehrzahl.

eine Raupe -	die Dose -
das Kind -	der Geist -
die Frau -	der Tag -

3 Kennzeichne das Satzende. Schreibe die Sätze.
Zeichne über jeden Satz den Klangbogen.

lange spielen Paul und der Drache sie bauen eine große Burg Paul darf König sein der Drache ist der Wächter

Sprache untersuchen

1 Kennzeichne die Verben.

lachen Tasche suchen springen alt Wolken bunt tanzen

2 Schreibe die Verben in allen Formen. Achte auf den Wortstamm.

	helfen	schlafen	bringen
ich			
du			
er			
wir			
ihr			
sie			

3 Setze die Verben in der richtigen Form ein.

Paul ______ von einem Drachen.
träumen

Der Drache ______ auf Paul.
warten

Sie ______ eine Burg.
bauen

Da ______ der Drache.
lachen

Paul ______.
erwachen

Sprache untersuchen

1 Wähle die freundlichen Verben aus und baue damit eine Brücke von Flo zu Flipp.

streiten besuchen erzählen angeben anlachen lügen lachen

auslachen schwindeln loben vertragen lächeln umarmen schreien

unterhalten spielen trösten streicheln schimpfen prahlen

2 Trage die Satzzeichen ein. Verbinde die Fragen mit den richtigen Antworten.

Wie heißt der Hund ☐ ●	● Er hat ein eigenes Körbchen ☐
Womit spielt er gerne ☐ ●	● Er spielt gerne mit dem Ball ☐
Wo schläft er ☐ ●	● Er heißt Struppi ☐

3 Trage die Satzzeichen ein. Zeichne die Klangbögen.

Struppi, sitz ☐

Ich mache deine Leine ab ☐

Wollen wir um die Wette laufen ☐

Lauf los ☐

Sprache untersuchen

1 Setze das passende Wort ein, das das Tier oder das Ding genauer beschreibt.

eckig   rot   langsam   nass   gefährlich   rund

Der Tiger ist ______________ .

Die Schildkröte ist ______________ .

Das Quadrat ist ______________ .

Der Kreis ist ______________ .

2 Setze die Wörter in der richtigen Form ein.

ein ______________ Zug

(lang)

der ______________ Apfel

(grün)

die ______________ Blumen

(frisch)

ein ______________ Buch

(dick)

3 Bilde zusammengesetzte Nomen.

der Vogel +

____

der Regen +

____

der See +

____

das Wasser +

____

zu Das Auer Übungsheft 2, Seite 22/23, 25/26

Üben und Können 5

Sprache untersuchen

1 Kennzeichne die Wortstämme FAHR und TURN.

turnen   fahren   die Turnhalle   das Fahrrad   vorturnen   die Fahrkarte

2 Setze passende Wörter mit dem Wortstamm SPIEL ein.

mitspielen   spielen   das Kartenspiel

Emil zeigt Lena sein neues ______________.

Sie ______________ den ganzen Nachmittag.

Am Abend darf Vater auch ______________.

3 Bilde zu jedem Verb mit den Anfangsbausteinen ver oder vor ein neues Verb.

lesen   schlafen   schreiben   tragen

____

____

4 Welches Verb passt für:

fröhlich gehen ______________   traurig gehen ______________

leise gehen ______________   laut gehen ______________

5 Baue Sätze.

rennt   Lea   in den Garten

____

eine Maus   Mimi   fängt

____

Sprache untersuchen

1 Schreibe zu den Vornamen auf den Flaggen die deutschen Namen.

David Anna Christina Erika Peter
Laura Susanne Josef Stefan Jakob

Russland:

Italien:

Frankreich:

Großbritannien:

Ungarn:

2 Welche Texte informieren? Kennzeichne sie rot.
Welche Texte unterhalten? Kennzeichne sie blau.

zu Das Auer Übungsheft 2, Seite 34/35, 37/38

Richtig schreiben

1 Schreibe das Abc in Großbuchstaben auf.

2 Setze die passenden Vokale ein. Schreibe jedes Nomen.

 nt

 K m l

 g l

 l f nt

 N sh rn

 R bb

3 Zeichne die Silbenbögen. Kennzeichne die Vokale.

Hase Salami Hut Regenwurm Marmelade

4 Schreibe die Nomen.

 alle

Ta 

i

 omputer

 alm

Mi  er

 lown

ark

ent

Bu 

 irm

Fla  e

Ko 

Richtig schreiben

1 Schreibe die Nomen.

  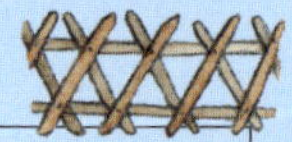  

2 Bilde die Mehrzahl.

die Hand –

der Vogel –

das Buch –

das Haus –

der Apfel –

der Zopf –

3 Schreibe die Nomen mit **ng** oder **nk**.

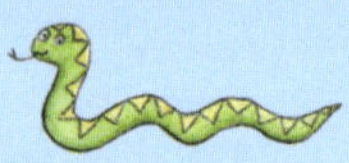   

4 Setze die Verben in der richtigen Form ein.

Ich ______ ein Schiff aus Papier.
falten

Du ______ es bunt an.
malen

Wir ______ zum Bach.
laufen

Richtig schreiben

1 **D/d** oder **T/t**? Schreibe die Nomen.

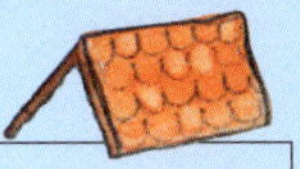  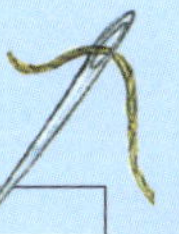 

2 **G/g** oder **K/k**? Schreibe die Nomen.

3 **B/b** oder **P/p**? Schreibe die Nomen.

 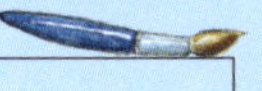  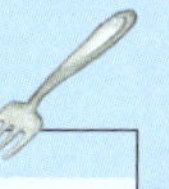

4 Kennzeichne im Text die weich gesprochenen Konsonanten.

Regen fällt auf die Erde.
Von den Bäumen und Dächern tropft Wasser.
Im Garten ist das Gras nass.
Der Himmel ist voller grauer Wolken.
Da bleiben die Kinder lieber im Haus.
Sie basteln oder malen oder lesen ein Buch.

5 Schreibe fünf Wörter mit **V/v**.

6 Schreibe die Wörter.

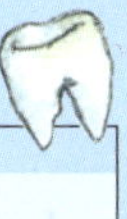  

Richtig schreiben

1 Schreibe die passenden Nomen mit Artikel.
Kennzeichne **el** oder **er**. Zeichne die Silbenbögen.

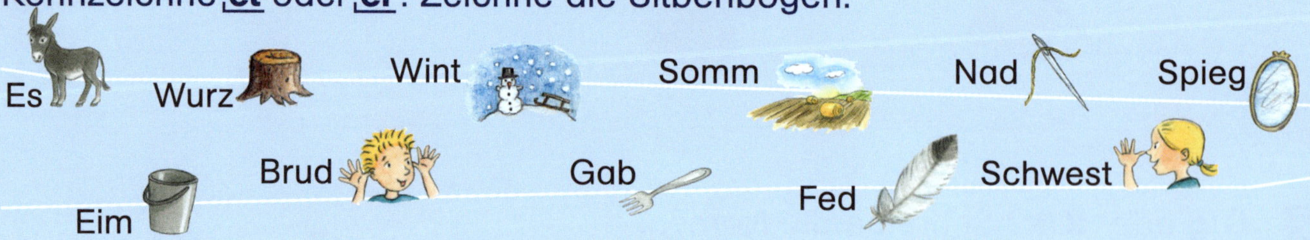

2 Zeichne die Silbenbögen.
Kennzeichne Vokale und Umlaute.

Muschel Wolke Sand Schaufel Hütte Hefte

3 Sprich die Nomen deutlich. Kennzeichne den betonten Vokal.

Hupe Nase Tanne Besen Kind Wolke

4 Kennzeichne die betonten Vokale oder Umlaute mit _ oder •.

Hütte Hase Ofen Bett Schirm Lupe

5 Schreibe die Nomen in Silben auf.

zu Das Auer Übungsheft 2, Seite 62–66

Richtig schreiben

1 Setze Wörter mit **St/st** oder **Sp/Sp** ein.

60 Minuten sind eine ______.

Ich möchte mein Geld ______.

Flo möchte Fußball ______.

Die Lehrerin möchte mit dem Vater ______.

2 Bilde neue Verben mit passenden Anfangsbausteinen und setze sie ein.

zählen ziehen raten trinken

die Tasse Tee ______ ein Geheimnis ______

eine Geschichte ______ den Mantel ______

3 Schreibe die Wortpaare.

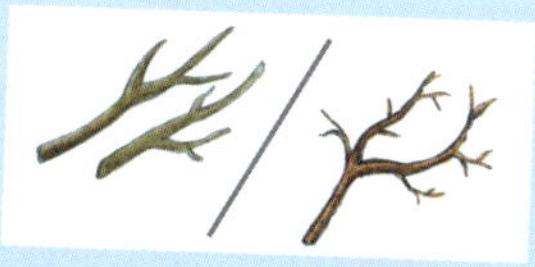

4 Schreibe die Wörter mit **ck** oder **tz**.

Schne  e

Bä  er

We  er

di 

Sa 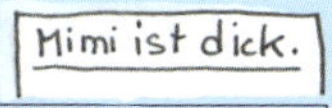

Ka  e

si  en

kra  en

Richtig schreiben

1 Schreibe die Nomen. Verlängern hilft.

der Bu  das Bro  der Schran 

das Gel  die Bur  das Mikrosko 

2 Setze Wörter mit **ß** ein.

Auf der ______ fahren Autos.

Sport macht mir immer ______.

Das Gegenteil von klein ist ______.

3 Schreibe die Nomen mit Artikel.

4 Finde fünf Fehler. Die Tipps helfen. Schreibe die Sätze richtig auf.

bald sind Ferien.

Wir gehen zu Fus auf einen Berk.

Dort übernachtn wir in einer Hüte.

Rechtschreibtipps

Bei allen Wörtern hilft:

Krokodil

- deutlich sprechen
- in Silben sprechen
- beim Schreiben mitsprechen

Nomen und Satzanfänge großschreiben

- Beweise für Nomen kennen
- Sätze erkennen

kurze/lange Vokale, offene/geschlossene Silben unterscheiden

Den betonten Vokal finden. Hören, ob der betonte Vokal kurz oder lang klingt.

Sonne – Rose

Erste Silbe offen:

Riese Rose

Erste Silbe geschlossen:

Ritter Sonne

Hören, ob das i lang klingt.

Riese – Ritter

Besondere Buchstabengruppen kennen

- die Lupenstellen kennzeichnen
- merken

Wörter mit ch oder Sch/sch

Wörter mit Sp/sp, oder St/st

Wörter mit Au/au, Ei/ei, Eu/eu

Wörter mit den Endbausteinen el, er

Wörter mit Pf/pf

Wörter, in denen man das r nicht gut hört

Wörter mit ng, Wörter mit nk

Wortfamilien nutzen

- Wortstamm finden
- Anfangsbausteine und Endbausteine kennen
- verwandte Wörter sammeln

Anfangsbaustein – Wortstamm – Endbaustein

aus such en

ä kommt von a — Bälle → Ball

äu kommt von au — Häuser → Haus

Wörter verlängern — Kind → Kinder, gräbt → graben

Wörter mit Rechtschreibbesonderheiten kennen

- die Lupenstelle kennzeichnen
- merken

Wörter mit stummem -h-

Wörter mit C, Qu, X

Wörter mit tz

Wörter mit ß

Wörter mit ai

Wörter mit y

Wörter mit V/v

Wörter mit ck

Wörter mit ä

Wörterlisten

Häufig gebrauchte Wörter

A

ab
aber
als
also
am
an
auch
auf
aus

B

bei
ich bin
bis
du bist

D

da
dann
das
dass
dein, deine, deiner
dem
den
denn
der
des
dich
die
dies, diese, dieser
dir
doch
du
durch

E

ein, eine, einer
er
es
euch
euer, eure

F

für

G

ganz, ganze, ganzer

H

her
hier
hin
hinter

I

ich
ihm
ihn, ihnen
ihr, ihre
im
immer
in
ins
er, sie, es ist

J

ja
jede, jeder, jedes

K

kein, keine, keiner

M

man
mein, meine, meiner
mich
mir
mit

N

nach
nein
nicht
nichts
nie
nun
nur

O

ob
oder
oft

S

schon
sehr
sein, seine, seiner
seit
sich
sie
wir, sie sind
so

U

über
um
und
uns, unser, unsere
unten
unter

V

vom
von
vor

W
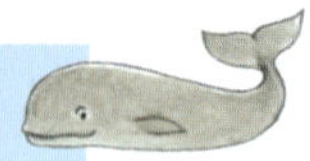

wann
warum
was
weil
weiter
welche, welcher, welches
wem
wen
wenig
wenn
wer
wie
wieder
wir
wo

Z

zu
zum
zur
zusammen

Wörterliste zum Nachschlagen und Üben

A

der Abend, die Abende
acht
der Affe
alle
alles
alt, älter
die Ameise
die Ampel
die Angst, die Ängste
antworten
der Apfel, die Äpfel
der April
arbeiten
der Arm
der Ast, die Äste
die Aufgabe
das Auge
der August
außen
das Auto
die Axt, die Äxte

B

das Baby
der Bach, die Bäche
backen
der Bäcker
baden
der Ball, die Bälle
die Banane
die Bank, die Bänke
der Bär
der Bauch, die Bäuche
bauen
der Baum, die Bäume
der Becher
das Bein
beißen
bellen
der Berg, die Berge
das Bett
die Beule
bewegen, er bewegt
bezahlen
der Biber
biegen, er biegt
die Biene
das Bild, die Bilder
die Birne
bitten
blasen, er bläst
das Blatt, die Blätter

blau
bleiben, er bleibt
der Blitz
blühen, er blüht
die Blume
die Blüte
der Boden, die Böden
die Bohne
bohren
böse
der Boxer
brauchen
braun
brav
brennen
das Brett
der Brief
die Brille
bringen, er bringt
das Brot
das Brötchen
die Brücke
der Bruder, die Brüder
der Brunnen
der Bub, die Buben
das Buch, die Bücher
bunt
die Burg, die Burgen
der Busch
die Butter

C

der Cent
der Clown
der Computer

D

das Dach, die Dächer
der Dachs
danken, er dankt
der Daumen
denken, er denkt
der Dezember
dick
der Dienstag
das Domino
der Donner
der Donnerstag
die Dose
der Drache
der Drachen
drängeln
draußen
drei
dumm
dunkel
dürfen, er darf
die Dusche

E

das Ei, die Eier
der Eimer
eins
das Eis
elf
die Eltern
das Ende
eng
der Engel
der Enkel
die Ente
die Erde
der Esel
essen, er isst
die Eule
der Euro

F

die Fahne
fahren, er fährt
die Falle
fallen, er fällt
die Familie
fangen, er fängt
fauchen
die Faust, die Fäuste
der Februar
die Feder
der Fehler
fein
das Feld, die Felder
das Fenster
finden
der Finger
der Fisch
die Flasche
fleißig
die Fliege
fliegen, er fliegt
fließen
das Floß, die Flöße
die Flöte
der Flügel
der Fluss, die Flüsse
flüssig
fragen, er fragt
die Frau
der Freitag
fremd
der Fremde
die Freude
freuen
der Freund, die Freunde
die Freundin, die Freundinnen
frieren
frisch
fröhlich
der Frosch, die Frösche
die Frucht, die Früchte
der Frühling
fühlen
füllen
der Füller
fünf
der Fuß, die Füße
das Futter

G

die Gabel
die Gans, die Gänse
der Garten, die Gärten
das Gartentor
der Gast, die Gäste
geben, er gibt
gefährlich
gehen, er geht
die Geige
der Geist
gelb, gelbe
das Geld, die Gelder
das Gemüse
gerade
gerne
das Gesicht
gestern
gesund, gesunde
gießen
der Gipfel
das Glas, die Gläser
das Gras, die Gräser
groß, größer
grün
grüßen
die Gurke
gut

H

die Haare
haben, er hat
der Hahn, die Hähne
der Hai
halb, halbe
der Hals, die Hälse
halten, er hält
der Hamster
die Hand, die Hände
hart, härter
der Hase
das Haus, die Häuser
die Haut, die Häute
die Hecke
das Heft
hegen, er hegt
heiß
heißen
helfen, er hilft
hell
das Hemd, die Hemden
der Herbst
der Herr
das Herz
heute
die Hexe
die Hilfe
der Himmel
hoch, höher
die Höhle
holen
hören
die Hose
das Huhn, die Hühner
die Hummel
der Hund, die Hunde
hundert
der Hunger
hüpfen
der Hut, die Hüte

I

der Igel
die Insel

J

das Jahr
der Januar
das Jo-Jo
der Juli
jung
der Junge
der Juni

K

der Käfer
der Käfig
der Kaiser
der Kaktus, die Kakteen
das Kalb, die Kälber
der Kalender

Wörterlisten

der Kamm, die Kämme
kämmen
das Känguru
die Kanne
der Karpfen
der Käse
die Kasse
die Kastanie
die Katze
kaufen
der Keller
die Kerze
das Kind, die Kinder
das Kino
die Kirche
die Kirsche
die Kiste
die Klasse
das Kleid, die Kleider
klein
klopfen
kochen
der Koffer
kommen
der König
können, er kann
der Kopf, die Köpfe
der Korb, die Körbe
der Körper
der Krach
krank
kratzen
das Kraut, die Kräuter
die Krone
der Kuchen
die Kuh, die Kühe
kühl
der Kuss, die Küsse

L

lachen
lahm
das Lama
das Lamm, die Lämmer
die Lampe
das Land, die Länder
lang, länger
die Laterne
laufen, er läuft
laut
leben, er lebt
die Lederhose
legen, er legt
der Lehrer
die Lehrerin
leicht
leise
die Leiter
lernen
lesen, er liest
die Leute
das Lexikon
das Licht
lieb, lieber
lieben
das Lied
liegen, er liegt
die Lippe
loben, er lobt
das Loch, die Löcher
der Löffel
der Löwe
die Luft, die Lüfte
die Lupe

M

machen
das Mädchen
der Mai
der Mais
malen
der Mann, die Männer
der Mantel, die Mäntel
der März
die Maus, die Mäuse
das Meer
mehr
der Mensch
das Messer
die Milch
die Minute
der Mittwoch
der Mixer
der Monat
der Mond, die Monde
der Montag
morgen
der Motor
die Möwe
die Mücke
der Mund, die Münder
die Muschel
müssen, er muss
die Mutter, die Mütter

N

die Nacht, die Nächte
die Nadel
der Nagel, die Nägel
der Name
die Nase
der Nebel
nehmen, er nimmt
neu
neun
die Nixe
der November
die Nudel
die Nuss, die Nüsse

O

das Obst
das Ohr
der Oktober
die Oma
der Onkel
der Opa
Ostern

P

packen
das Paket
die Panne
das Papier
die Pappe
der Partner
die Pfanne
der Pfau
pfeifen
der Pfeil
das Pferd, die Pferde
die Pflanze
pflanzen
das Pflaster
pflegen, er pflegt
der Pinsel
der Pirat
die Pizza
der Platz, die Plätze
die Pommes
das Pony
der Pudel
der Puma
die Puppe

Qu

das Quadrat
quaken
die Qualle
der Qualm
qualmen
der Quark
die Quaste
die Quelle
quengeln
quietschen

R

der Rabe
das Rad, die Räder
raten, er rät
die Ratte
rauben, er raubt
der Raum, die Räume
die Raupe
rechnen
reden
der Regen
der Regenbogen
das Reh
reich
reisen
der Riese
der Ring, die Ringe
der Ritter
der Rock, die Röcke
rollen
die Rose
rot, röter
der Rücken
rufen

S

der Saft, die Säfte
die Säge
sagen, er sagt
das Salz
der Samstag
der Sand
sandig
der Satz, die Sätze
das Schaf
der Schal
der Schatten
der Schatz, die Schätze
schauen
die Schaufel
der Schaum, die Schäume
scheinen
schenken
die Schere
die Schiene
schießen
schimpfen
der Schirm
schlafen, er schläft
schlagen, er schlägt
die Schlange

schlau
der Schlauch, die Schläuche
schließen
schlüpfen
der Schluss, die Schlüsse
der Schmetterling
die Schnecke
der Schnee
schneiden
schnell
der Schnupfen
schön
der Schrank, die Schränke
die Schranke
schreiben, er schreibt
schreien
die Schule
schwarz, schwärzer
schweigen, er schweigt
die Schwester
schwimmen
sechs
sehen, er sieht
die Seife
das Seil
die Sekunde
der September
sieben
singen, er singt
sitzen, er sitzt
das Sofa
der Sohn, die Söhne
sollen
der Sommer
die Sonne
der Sonntag
die Soße
die Spagetti
sparen
der Spaß, die Späße
der Spatz
spazieren
der Specht
speisen
der Spiegel
das Spiel
spielen
der Spinat
die Spinne
die Spirale
der Sport
sprechen, er spricht
springen, er springt
spucken, er spuckt
spuken, er spukt
spülen
der Stall, die Ställe
der Stamm, die Stämme
der Stängel, die Stange
starten
stehen, er steht
steigen, er steigt
der Stein
stellen
der Stern
der Stiefel
der Stift
still
die Stirn
der Stoff
stolpern
der Storch, die Störche
stören
die Straße
der Strauch, die Sträucher
staunen
der Strauß, die Sträuße
streichen
stricken, er strickt
der Strumpf, die Strümpfe
der Stuhl, die Stühle
die Stunde
der Sturm, die Stürme
suchen
süß

T

der Tag, die Tage
tanken
die Tante
die Tasche
die Tasse
tauchen
das Taxi
der Teddy
der Tee
das Telefon
der Teller
die Temperatur
der Teufel
das Thermometer
das Tier
der Tiger
der Tisch
die Tochter, die Töchter
die Tomate
die Tonne
der Topf, die Töpfe
die Torte
tragen, er trägt
die Träne
der Traum, die Träume
traurig
trinken, er trinkt
der Tropfen
tun
die Tür
der Turm, die Türme
turnen
die Tüte

U

üben, er übt
die Uhr

V

die Vase
der Vater, die Väter
verbringen
der Verkehr
versuchen
viel
vier
vierunddreißig
vierund-zwanzig
vierzehn
vierzig
der Vogel, die Vögel
voll
vor

W

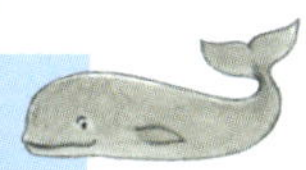

der Wagen, die Wagen
wahr
der Wald, die Wälder
die Wand, die Wände
wandern
die Wanne
warm, wärmer
die Wärme
warten
waschen, er wäscht
das Wasser
der Wecker
der Weg, die Wege
Weihnachten
weinen
weiß
weit
werden, er wird
das Wetter
die Wiege
die Wiese
der Wind, die Winde
der Winter
der Wipfel
die Wippe
der Witz
die Woche
wohnen
der Wolf, die Wölfe
die Wolke
wollen, er will
das Wort, die Wörter
wünschen
der Würfel
der Wurm, die Würmer
die Wurzel

Z

die Zahl
zahlen
zählen
der Zahn, die Zähne
die Zange
der Zaun, die Zäune
das Zebra
die Zehe
zehn
zeigen, er zeigt
der Zeiger
die Zeit
das Zelt
die Ziege
das Zimmer
der Zopf, die Zöpfe
der Zucker
die Zunge
zwei
der Zwerg, die Zwerge
die Zwiebel
zwölf

Artikel

der ein
die eine
das

Nomen

Nomen sagen, wie Lebewesen und Dinge heißen

Beweise für Nomen:
- Hase ist ein Name für ...
- Zu jedem Nomen passt ein Artik
  der Hase – ein Hase
- Nomen können in der Einzahl ur
  in der Mehrzahl stehen:
  ein Hase – viele Hasen

Adjektive

Adjektive sagen, wie Lebewesen oder Dinge sind.

Beweise für Adjektive:
- Adjektive antworten auf die Frage: Wie ist etwas?
  Wie ist die Luft? → kalt
- Adjektive passen zwischen Artikel und Nomen: *die kalte Luft*
- Zu vielen Adjektiven gibt es das Gegenteil: *kalt – heiß*